全国中等职业技术学校汽车类专业

汽车配件与营销（第三版）习题册

中国劳动社会保障出版社

图书在版编目(CIP)数据

汽车配件与营销（第三版）习题册/张启森主编. -- 北京 ：中国劳动社会保障出版社，2019
全国中等职业技术学校汽车类专业
ISBN 978-7-5167-3931-0

Ⅰ.①汽… Ⅱ.①张… Ⅲ.①汽车-配件-市场营销学-中等专业学校-习题集
Ⅳ.①F766-44

中国版本图书馆 CIP 数据核字(2019)第 049028 号

中国劳动社会保障出版社出版发行
（北京市惠新东街 1 号　邮政编码：100029）
*
北京昌联印刷有限公司印刷装订　　新华书店经销
787 毫米×1092 毫米　16 开本　2.75 印张　62 千字
2019 年 3 月第 1 版　　2025 年 8 月第 8 次印刷
定价：6.00 元

营销中心电话：400-606-6496
出版社网址：http://www.class.com.cn
http://jg.class.com.cn

目　录

项目一　汽车配件基础

任务1　汽车配件分类和车型识别代码的认知

一、填空题（将正确答案填写在横线上）

1．在汽车维修和汽车配件经营领域中，通常将汽车配件按__________、__________和__________三个标准进行分类。

2．按照汽车配件的结构情况可以分为零件、__________、__________、__________和__________。

3．车辆识别代码的英文缩写为________，是一个由____位字母和数字组成的编码。

4．车辆识别代码由______________________、______________________和__________________________三部分组成。

5．我国轿车的车辆识别代码大多可以在________________和______________找到。

二、判断题（正确的打“√”，错误的打“×”）

1．车辆识别代码具有唯一识别性，又称为“汽车的身份证”。（　　）

2．车辆识别代码中的第一位数字或字母代表地区，如“L”代表中国。（　　）

3．品牌件也称为汽车纯正件。（　　）

4．按照汽车配件的结构情况进行分类，散热器罩属于组合件。（　　）

5．汽车上的消耗性材料如汽油等，不属于汽车配件。（　　）

三、选择题

1．润滑油属于（　　）类的汽车配件。

A．汽车零部件　B．汽车标准件　C．汽车运行材料　D．汽车美容材料

2．（　　）是使用整车生产厂家原厂商标的装车件，其质量好，服务体系完善，但价格高，一般由原厂售后服务部门进行区域调配，也对外销售。

A．原厂件　B．品牌件　C．副厂件　D．仿制件

四、名词解释

1．汽车配件

2. 品牌件

五、简答题

1. 如果客户要订购一批减振器，销售员必须要向客户了解哪些需求信息？

2. 车辆识别代码有什么作用？

任务2　汽车型号及编制规则的认知

一、填空题（将正确答案填写在横线上）

1. ____________是为识别车辆而对一类车辆指定的由拼音字母和阿拉伯数字组成的编号。

2. 目前，我国汽车的类别主要是按__________进行划分的，大致分为九类。

3. 汽车产品型号由四部分组成，包括______________、主参数代号、专用汽车分类代号和______________。

4. 各个车上车型标牌固定的位置不同，但多数都固定在__________或__________的某一个位置上。

二、判断题（正确的打“√”，错误的打“×”）

1. 国外各汽车生产厂家汽车型号的编制规则均不相同，即便是同一个国家，各个汽车生产厂也都有其各自的编号规则。（　　）

2. 不同厂家生产的汽车标牌内容是相同的，包含型号、车辆识别代码等。（　　）

3. 常见的车型标牌记录的内容有汽车型号、发动机型号与排量、车架编号、车身颜色编号、装饰编号、车轴编号、制造厂编号等。（　　）

4. 车辆型号 EQ2080 表示第二汽车制造厂生产的第一代越野汽车，总质量为 7 720 kg。（　　）

5. 专用汽车分类代号位于产品型号的第三部分（非专用汽车的产品型号中此部分不显示）。（　　）

三、选择题

1. 车辆型号 CA1091 中的“CA”代表（　　）。

A. 二汽　　B. 一汽　　C. 上海大众　　D. 济南汽车

2. （　　）位于产品型号的最后部分，同一种汽车结构略有变化而需要区别时使用。

A. 企业名称代号　　B. 企业自定义代号

C. 主参数代号　　D. 产品序号

3. 汽车产品型号用四位数字表示汽车主要特征，如○○○○，中间两位代表（　　）。

A. 主参数代号　　B. 汽车类别　　C. 产品序号　　D. 企业自定义代号

四、简答题

1. 简述下列汽车型号的含义。

型号 SH7221：

型号 HY4300：

2. 简述 91 系列车型代号的组成。

任务3　国产汽车发动机产品名称和型号的认知

一、填空题（将正确答案填写在横线上）

1. 内燃机产品名称均按所使用的__________命名，如汽油发动机、柴油发动机等。

2. 内燃机型号的第二部分由__________、____________________、____________和__________组成。

3. 内燃机型号的第四部分为__________。

二、判断题（正确的打"√"，错误的打"×"）

1. 内燃机型号的第四部分包括结构特征符号和用途特征符号，其中结构特征符号不可重叠使用。（　　）

2. 内燃机型号中的气缸数用1～2位数字表示。（　　）

三、选择题

1. 气缸布置形式符号中"V"代表（　　）。

A. V形　　B. 平卧式　　C. 单缸直列　　D. 多缸直列

2. 同系列产品需要进行区分时，可允许制造商选用适当的（　　）符号表示。

A. 缸径　　B. 结构特征　　C. 区分　　D. 用途特征

3. 缸数符号一般用（　　）表示。

A. 字母　　B. 字母和数字　　C. 数字　　D. 字母或数字

四、简答题

简述下列内燃机型号的含义。

R175A 柴油发动机：

492QA 汽油发动机：

项目二　汽车配件的认知

任务1　发动机主要配件的认知

一、填空题（将正确答案填写在横线上）

1．汽车____________为汽车提供动力，是汽车的“心脏”，影响汽车的动力性、经济性和环保性。

2．根据动力来源不同，汽车发动机可分为______________和______________等。

3．汽油发动机是由______________、______________两大机构，以及__________、________、________、______________和____________五大系统组成。

4．____________是发动机各机构及各系统的装配基体。

5．活塞可分为________、________和________三部分。

6．活塞环按作用不同分为__________和__________。

7．一般在发动机大修时，若测得气门弹簧______________、____________，应进行更换。

8．汽油发动机燃料供给系主要由__________________、________________、________________和______________等组成。

9．喷油泵的作用是__________、__________地向喷油器输送高压柴油。

10．喷油器有__________、__________两种。

11．发动机的润滑方式有______________、______________和__________三种。

12．机油滤清器按过滤能力分为____________、__________和__________三种。

二、判断题（正确的打“√”，错误的打“×”）

1．汽油发动机多用干式缸套，柴油发动机则多用湿式缸套。（　　）

2．油环的作用是保证活塞与气缸壁间的密封，防止气缸中的高温、高压燃气大量漏入曲轴箱。（　　）

3．气门导管的主要作用是保证气门做直线运动，使气门与气门座能正确闭合。（　　）

4．汽油泵是易损件，损坏后一般应更换汽油泵总成。（　　）

5．调速器是一种随柴油机负荷与转速的变化自动调节喷油泵供油量，以限制或稳定转速的装置。（　　）

6．蜡式节温器由于其质量可靠、使用寿命长、感应特性好等特点，已得到广泛应用。（　　）

三、选择题

1．以下选项不是由曲轴直接驱动的是（　　）。

A. 风扇　　　B. 水泵　　　C. 发电机　　　D. 机油泵

2. 汽车上的散热器属于（　　）。

A. 润滑系　　　B. 供给系　　　C. 点火系　　　D. 冷却系

3. 发动机冷却系中的节温器损坏，将会导致发动机（　　）。

A. 燃料消耗变少　　　B. 燃料消耗变多

C. 温度过低或过高　　　D. 温度过高

4. 气门组中（　　）的主要作用是保证气门做直线运动。

A. 气门　　　B. 气门导管　　　C. 气门弹簧座　　　D. 气门弹簧

5. 发动机进气系统入口处都装有（　　），其作用是清除进入发动机内的空气中所含的尘土等异物，消除发动机进气系统的噪声。

A. 空气滤清器　　　B. 机油滤清器　　　C. 集滤器　　　D. 消音器

四、简答题

1. 汽车发动机一般采用哪两种冷却方式？冷却系主要由哪些部件组成？

2. 汽油供给装置的作用是什么？由哪几部分组成？

任务2　底盘主要配件的认知

一、填空题（将正确答案填写在横线上）

1. 汽车________是汽车的“骨骼”。

2. 汽车底盘由____________、______________、______________和______________四部分组成。

3. 变速器可分为______________、______________和______________等类型。

4. 万向传动装置一般由__________和________组成，有时还加装中间支撑。

5. 驱动桥由____________、____________和____________组成。

6. 汽车底盘行驶系由汽车的__________、__________、__________、__________、________和________等组成。

7. 悬架一般由__________、__________和__________三部分组成。

8. 转向系一般由______________、__________和______________三部分组成。

9. 制动系一般由____________、__________________和__________三部分组成。

10. 制动传动机构按传力媒介不同分为____________和__________两类。

11. 汽车制动器根据作用不同可分为________________和________________两类。

12. 行车制动器按结构不同可分为________________和________________两类。

二、判断题（正确的打“√”，错误的打“×”）

1. 汽车传动系主要由离合器、变速器、万向传动装置、主减速器、差速器和半轴等装置组成。（　　）

2. 轮胎根据充气压力不同可分为高压胎、低压胎和超低压胎三种。（　　）

3. 在变速器的操纵机构中，防止脱挡并保证轮齿全齿宽啮合的锁止装置是自锁装置。

（　　）

4. 转向系分为机械转向系和动力转向系两种，机械转向系以驾驶员的体力为转向能源，动力转向系以发动机的动力为转向能源。（　　）

5. 不同车型悬架的具体结构其组成上不一定非要具备弹性元件、导向装置、减振器三个部分不可。（　　）

6. 行车制动器又称手制动器，因其使用频繁，摩擦衬片消耗量很大。（　　）

三、选择题

1. 发动机的动力是经离合器、变速器、传动轴传给（　　）。

A. 减振器　B. 转向节　C. 驱动车轮　D. 从动车轮

2. 以下选项中，不属于液压制动系统组成元件的是（　　）。

A. 总泵　B. 分泵　C. 软管　D. 储气筒

3.（　　）的作用是防止汽车转弯时因左右驱动轮不同步造成轮胎与地面之间滑转，使轮胎加速磨损和增大阻力。

A. 差速器　B. 变速器　C. 减速器　D. 转向器

4.（　　）的作用是保证汽车起步平稳和传动系换挡工作平顺，防止传动系过载。

A. 传动轴　B. 离合器　C. 变速器　D. 单向离合器

5. 汽车转弯时差速器的行星齿轮（　　）。

A. 自转　B. 公转　C. 自转或公转　D. 自转和公转

四、简答题

1. 汽车变速器有哪些作用？

2. 规格为185/70SR14的轮胎所代表的含义是什么？

任务3　电气设备主要配件的认知

一、填空题（将正确答案填写在横线上）

1. 蓄电池可以在发动机启动时，向__________和____________供电。

2. 现代汽车用普通铅蓄电池主要由极板、____________、____________、__________和接线柱等组成。

3. 现代汽车用普通铅蓄电池由三只或六只单格电池__________而成。

4. ___________是汽车的主电源，与蓄电池并联。

5. __________是驱动汽车发动机曲轴旋转的电力装置。

6. 点火线圈主要由__________、____________、____________、胶木盖、瓷座、接线柱、外壳等组成。

7. __________是一个用高压电点火的器件，由陶瓷绝缘的中心电极和焊接在壳体上的侧电极组成电极间隙，产生电弧火花。

8. 影响火花塞裙部温度的主要因素是裙部的__________。

二、判断题（正确的打"√"，错误的打"×"）

1. 蓄电池相当于一只大电容，它不仅能够保持汽车电气系统的电压稳定，而且还能吸收电路中出现的瞬时过电压，从而保护电子元件不被损坏。（　　）

2. 柴油机汽车电源电压设计为24 V，即用两只12 V蓄电池并联供电。（　　）

3. 在发动机正常工作转速范围内，汽车上的用电设备主要由发电机供电，且当蓄电池存电不足时，发电机还向蓄电池充电。（　　）

4. 蓄电池12 V低压电由点火线圈转换成20 000 V左右的感应高压电。（　　）

5. 裙部较短的火花塞，在燃烧室内吸热面积大，传热距离长，散热困难，因而裙部温度高，称为"热型"火花塞。（　　）

三、选择题

1. 目前国内外汽油机汽车均选用（　　）蓄电池。

A. 12 V　　B. 24 V　　C. 6 V　　D. 12 V或24 V

2. 硅整流发电机中最易磨损和消耗的是（　　）。

A. 电刷弹簧　　B. 电刷　　C. 衬套　　D. 定子

3. 由于交流发电机的转子由汽车发动机驱动，而发动机的转速是经常变化的，这必然造成发电机的输出电压很不稳定，故必须配用（　　）。

A. 整流器　　B. 晶体管　　C. 散热器　　D. 电压调节器

4. 汽车蓄电池应每（　　）更换一次。

A. 3个月　　B. 2年　　C. 3年　　D. 5年

四、简答题

1. 简述以下蓄电池型号的含义。

型号3－Q－90：

型号6－QA－100：

2. 汽车上的电源有哪些？分别有哪些作用？

任务4　车身饰品的认知

一、填空题（将正确答案填写在横线上）

1. ____________可以保持车身漆面亮丽、整洁，保护车漆。

2. 车蜡根据作用不同可以分为______________、______________、____________和____________。

3. __________的频率与汽车的使用率、空气环境和洗车次数有直接关系。

4. 车膜根据制造工艺可以大致分为____________、______________、______________和__________四类。

5. 车载导航仪分为__________和__________两类。

6. ______________类似于应用于飞机上的“黑匣子”，其工作原理是通过数字视频记录并循环更新车前或周围的路面情况，以备调查交通事故责任时使用。

7. 现在市场上的______________大多采用超声波测距原理，使倒车变得更加安全和轻松。

8. 倒车雷达按显示方式可以分为______________、______________和______________等。

9. 氙气灯一般由________、______________和________等组成。

10. 常见的汽车轮毂有____________和______________两类。

二、判断题（正确的打“√”，错误的打“×”）

1. 车蜡不仅可以保护车漆，还能起到保值的经济效益。（　　）

2. “封釉”美容就是用“釉”把车漆包起来，使之与外界隔绝，保养时用水冲洗干净即可（车身表面此时不沾水），且不用打蜡。（　　）

3. 新车封釉和旧车封釉的效果有所不同，新车封釉可以保持车漆的亮丽，旧车封釉可以修复划痕。（　　）

4. 嵌入式车载导航仪功能简单，安装方便，将其放在托架上并从点烟器上引出电源即可使用。（　　）

5. 行车记录仪可以监督驾驶员的驾车行驶时间，以免疲劳驾驶。（　　）

6. 一体机行车记录仪的特点是集合程度较高，功能强大，在汽车有限的空间内充分发挥了集成优势。（　　）

7. 氙气灯利用电子激发气体发光，并无钨丝存在，所以使用寿命较长。（　　）

8. 铝合金轮毂的强度高，常用于大型载重汽车。（　　）

9. 真皮座椅虽然可以提高汽车档次，透气性和散热性好，但不易清洁。（　　）

三、选择题

1. 封釉后，（　　）小时内切记不要用水冲洗汽车，因为在这段时间内，釉层还未完全凝结，若冲洗将会冲掉未凝结的釉。

A. 6　　B. 8　　C. 12　　D. 24

2. 以下选项中，（　　）不属于打蜡的作用。

A. 防褪色　　B. 防静电　　C. 防水　　D. 防紫外线

3. 封釉的频率与（　　）无直接关系。

A. 车的使用率　　B. 空气环境　　C. 洗车次数　　D. 雨量多少

4. 行车记录仪无法记录的内容是（　　）。

A. 路面情况　　B. 车内声音　　C. 是否酒驾　　D. 交通事故

5. （　　）输出亮度高，使用寿命长，节能、环保，色温舒适度高，深受广大用户的好评。

A. 氙气灯　　B. 卤素灯　　C. LED 灯　　D. 激光灯

四、简答题

1. 如何正确选用车蜡？

2. 市场上假氙气灯的使用表现主要有哪些？

项目三　汽车配件编号识别与检索

任务 1　汽车配件编号识别

一、填空题（将正确答案填写在横线上）

1．汽车零部件编号有三种形式，分别由企业名称代号、________、________、零部件顺序号、________、变更代号组成。

2．国产汽车配件编号规则规定了各类汽车、半挂车的总成和装置及______编制的基本规则和方法。

3．品种代号由三位数字或字母组成，首位表示__________________，第二位为产品类别的品种分组号，第三位为品种的______________。

4．尺寸规格代号直接以产品的____________表示，不便直接表示的以主要尺寸参数折算的相应整数表示，仍不便表示的以该品种内规格系列的顺序号表示。

二、判断题（正确的打“√”，错误的打“×”）

1．国产汽车配件编号规则不适用于各类汽车和半挂车的零件、总成和装置的编号，适用于专用汽车和专用半挂车中专用装置部分的零件、总成和装置的编号及汽车标准件和轴承的编号。（　　）

2．汽车配件组合模块的组合功能码由组号合成，前两位组号描述模块的辅助功能特征，后两位组号描述模块的主要功能特征。（　　）

3．一般配件是指除第二至五类（标准配件、组合配件、修理备用配件、工具）以外组成汽车的各项配件。（　　）

三、选择题

1．以下选项中，（　　）不属于汽车标准件产品的编号内容。

A．企业名称代号　　B．品种代号

C．分型代号　　D．变更代号

2．对零件变化差别不大，或总成通过增加或减少某些零部件构成新的零件和总成后，在不影响其分类和功能的情况下，其编号一般在原编号的基础上仅改变其（　　）。

A．代号　　B．源码

C．分组号　　D．组号

四、名词解释

1. 企业名称代号

2. 零部件顺序号

五、简答题

汽车标准件的编号由哪七个部分组成？

任务2　汽车配件检索

一、填空题（将正确答案填写在横线上）

1. 配件检索是通过________获得配件编号，由配件编号____________的过程。

2. 配件检索主要包括两个方面的内容，一方面是查询并确认客户所需配件的__________、__________和______等信息；另一方面是查询该配件的__________、______和________等信息。

二、简答题

1. 汽车配件检索工具有哪些？

2. 简述电子配件目录的查询方法。

项目四　汽车常用材料的认知

任务 1　燃料的认知

一、填空题（将正确答案填写在横线上）

1. 汽油的重要性质有__________、__________、热值和含铅量。
2. 汽油的蒸发性是指汽油由____________转化为____________的性能。
3. 热值是指单位量汽油______________________________。
4. 汽油产品目前执行的国家标准为 GB 17930—2016《车用汽油》。该标准中汽油的牌号分为________、________和 95 号。
5. 柴油的重要性质有__________、______________和__________。
6. 国产轻柴油的牌号有__________、__________、________、__________、__________和__________。

二、判断题（正确的打“√”，错误的打“×”）

1. 汽油是汽车使用最多的燃料，被点燃式内燃机采用。（　　）
2. 汽油的辛烷值越低，抗爆性越好。（　　）
3. 不同牌号的柴油可混合使用，且能改变其凝点，如 -10 号和 -20 号柴油各 50% 混合使用，其凝点为 -15℃。（　　）
4. 通常在选用柴油时，要求其凝点比环境温度低 3 ~ 5℃。（　　）

三、选择题

1. 评定汽油抗爆性能的指标是（　　）。

   A. 十六烷值　　B. 辛烷值

   C. 压缩比　　D. 热值
2. 汽油的牌号是根据（　　）来确定的。

   A. 实际胶质　　B. 馏程

   C. 压缩比　　D. 辛烷值
3. 柴油的低温流动性用（　　）来评定。

   A. 黏度　　B. 凝点　　C. 闪点　　D. 水分
4. 通常根据（　　）来选用柴油。

   A. 地区和季节的气温　　B. 十六烷值

   C. 凝点　　D. 压缩比

四、名词解释

1．抗爆性

2．低温流动性

3．黏度

五、简答题

1．简述汽油的选用原则。

2. 简述汽油的使用注意事项。

3. 柴油的黏度对发动机有何影响？

任务2　润滑材料的认知

一、填空题（将正确答案填写在横线上）

1．发动机润滑油简称________，按发动机类型不同可分为__________和____________两类。

2．机油具有__________、________、__________和________四个作用。

3．汽车上常用的润滑脂有____________、____________、__________、____________和______________等。

二、判断题（正确的打“√”，错误的打“×”）

1．在保证润滑的前提下，机油的黏度应尽量选得小一些。（　　）

2．机油的黏度随着温度升高而降低，其变化幅度越大，黏温性能越好。（　　）

3．不同牌号、种类的机油可以混用。（　　）

4．齿轮油工作时，产生的小气泡有利于齿轮油的润滑。（　　）

三、选择题

1．机油的工作条件是（　　）。

A．低温、低速、无污染

B．高温、高速、污染严重

C．密封条件差、压力极大、污染严重

D．密封条件好、压力小、污染严重

2．在能保证润滑的条件下，要尽量选取黏度（　　）的机油。

A．高　　B．低　　C．一般　　D．均可

四、简答题

1．简述机油的使用注意事项。

2. 机油的黏度对发动机有何影响？

3. 简述润滑脂的使用注意事项。

任务3　其他常用油液的认知

一、填空题（将正确答案填写在横线上）

1. ____________用于液压制动系统和液压离合器操纵系统的能量传递。

2. 冷却液按组成不同，有______________、________________和________________三种。

3. 自动变速器传动油主要用于自动变速器，必须满足______________、____________、________和________等方面的要求。

二、判断题（正确的打"√"，错误的打"×"）

1. 车辆正常行驶40 000 km或制动液连续使用超过两年，制动液很容易变质，要及时更换。　　（　　）

2. 车辆冷却液使用完后可直接添加一定量的水来直接使用。　　（　　）

三、简答题

1. 简述燃油添加剂的作用。

2. 简述制动液的使用注意事项。

3. 简述冷却液的使用注意事项。

项目五　汽车配件订货与采购

任务1　订　　货

一、填空题（将正确答案填写在横线上）

1. 配件订货的目的是追求____________。
2. 勤进快销是加速__________，避免__________，提高经济效益的重要条件。
3. 以销定进的原则就是按照______________决定进货的品种和数量。
4. 零件经销商根据本公司配件销售量可将配件分为________、________和________三种。

二、判断题（正确的打“√”，错误的打“×”）

1. 零件的流通级别是固定不变的。（　）
2. 易磨损和易失效的零件或材料称为快流件。（　）
3. 汽车配件的库存量越大，经济效益越好。（　）
4. 汽车配件订货的好坏会影响到配件整体销售流程的顺利进行。（　）
5. 订货量确定好之后就不需要变动了。（　）

三、名词解释

1. 良性库存

2. 储存保销

四、简答题

1. 简述汽车配件订货管理的原则。

2. 简述汽车配件订货管理的意义。

任务2 采 购

一、填空题（将正确答案填写在横线上）

1. 进货业务是指______________________________组织进货。

2. 汽车配件进货的“五进”指所进配件要符合______、______、______、______和______的原则。

3. 汽车配件验收的内容包括三个方面，一是____________，二是______________，三是____________。

4. ____________是指从汽车配件采购开始到做好销售准备时的间隔时间。

5. 进货量的控制方法有____________和______________。

二、判断题（正确的打“√”，错误的打“×”）

1. 名牌和质量信得过产品可以终身免检。 （ ）

2. 零售企业进货质量验收，主要检验汽车配件证件是否齐全，如有无合格证、保修证、

标签或使用说明等。 ( )

3. 汽车配件企业进货必须单独考虑节约每一项的费用。 ( )

4. 定性分析法分为经济批量法和费用平衡法两种。 ( )

5. 采用经济批量法进货，当储存费用下降时，进货费用就上升。 ( )

三、选择题

1. ( ) 采购方式有利于组织运输，降低进货费用。

A. 集中进货 B. 分散进货

C. 集中进货与分散进货相结合 D. 联购合销

2. 在销售和进货期时间有变化的情况下，进货点的计算公式为（ ）。

A. 进货点 =（平均销售量/进货期时间） + 安全库存量

B. 进货点 =（平均销售量 × 进货期时间） - 安全库存量

C. 进货点 =（平均销售量 × 进货期时间） + 安全库存量

D. 进货点 =（平均销售量/进货期时间） - 安全库存量

3. ( ) 厂是主机配套厂，这些厂知名度高，产品质量好，大多是名牌产品。

A. A类 B. B类 C. C类 D. D类

四、名词解释

1. 经济批量法

2. 进货点

3. 安全库存量

五、简答题

1. 简述汽车配件的验收方法。

2. 汽车配件质量的直观鉴别有哪些方法？

项目六　汽车配件库存管理

任务1　验收及入库

一、填空题（将正确答案填写在横线上）

1. ____________是由供应商开具的发票附件，包括产品入库单、收料单、调拨单、退货通知单等。

2. 入库验收要做到__________和__________。

3. 凡是配件属原厂包装的产品，一般开箱抽查点验的数量为__________。

4. 登账是及时、准确地反映物资____________的基础资料。

5. 数量不符是指汽车配件__________与随行单证上所列数量不一致，分为__________和__________两种情况。

二、判断题（正确的打“√”，错误的打“×”）

1. 包装内数量不符或外观质量有明显问题的配件，必须要开箱点验。（　　）

2. 有单无货是指货物到库而随货同行凭证未到。（　　）

3. 易损件包括火花塞、活塞、轮胎等。（　　）

三、名词解释

1. 货未到齐

2. 汽车配件串库

四、简答题

1. 汽车配件在入库前为什么要进行验收？

2．简述汽车配件入库验收的流程。

3．在汽车配件入库验收工作中发现数量不符，应如何处理？

任务2　仓 库 管 理

一、填空题（将正确答案填写在横线上）

1．库存配件管理工作的要求是做到________、________、__________、__________、________，并节省___________。

2．货架根据结构不同可以分为_________、_________和_________。

3．________是指将配件在保管期间的损耗降到最低限度。

4．适销配件占的比重_______，则库存结构就较好。

5．______分类法有助于加速资金周转，便于仓库核算及企业经济效益的提高。

二、判断题（正确的打“√”，错误的打“×”）

1．性质相近和有消费连带关系的配件，要尽量安排在一起储存。（　　）

2．中货架适用于存放车身件、挡风玻璃、翼子板、轮胎、保险杠等。（　　）

3．快流件存放在靠近作业区和易取的料位位置。（　　）

4．对B类配件只进行一般管理，主要是做到进销平衡，避免积压。（　　）

5．出入库频繁的汽车配件，要放在靠近库门处。（　　）

三、选择题

1. 配件品种占全部品种的9%，销售额占销售总额75%的配件属于（　　）配件。

   A. A类　　B. B类　　C. C类　　D. D类

2. 配件品种占全部品种的71%，销售额占销售总额8%的配件属于（　　）配件。

   A. A类　　B. B类　　C. C类　　D. D类

3. 保量是指仓库保管按照科学的储存原则，实现（　　）库存量。

   A. 最小的　　B. 适中的　　C. 最大的　　D. 以上都对

4. A类配件不包括（　　）。

   A. 活塞　　B. 螺母　　C. 活塞环　　D. 制动器摩擦片

四、名词解释

1. 仓储管理

2. ABC管理法

五、简答题

1. 简述仓库保管的原则。

2. 简述ABC管理法的分类原则。

任务3　出　　库

一、填空题（将正确答案填写在横线上）

1. 业务部门开出的________是仓库发货、换货的合法依据。

2. 保管员一定要坚持“______________________”的原则，以免造成配件积压时间过长而变质报废。

3. 一般大批量发货不超过______天。

4. 配件仓库中的汽车配件要做到______、______和______三者相符。

二、判断题（正确的打“√”，错误的打“×”）

1. 怕晒的配件要放在避光、通风处。（　　）

2. 用户自提的配件一般不需要备货，随到随发，按提货单内容当面点交，并随时结清，做到卡、物相符。（　　）

3. 未经复核或单货不符的汽车配件视情况也可以出库。（　　）

4. 加权平均法必须要到月末才能计算出全月的加权平均单价。（　　）

5. 由于配件在入库前已经认真检查，所以在出库时不需要再检查了。（　　）

三、选择题

1. 出库核算的方法不包括（　　）。

   A. 先进先出法　　B. 个别计价法

   C. 加权平均法　　D. 后进先出法

2. （　　）适用于容易识别、存货品种数量不多、单位成本较高的存货计价。

   A. 先进先出法　　B. 个别计价法

   C. 加权平均法　　D. 后进先出法

四、简答题

1. 简述汽车配件出库的流程。

2. 简述先进先出法的优、缺点。

任务4　库存盘点

一、填空题（将正确答案填写在横线上）

1. 盘点的方法主要分为____________、____________、____________三种。
2. 在盘点中发生____或________时，应反复落实，查明原因，明确责任。
3. ________是指对以质量记载存量的汽车配件，可会同业务部门逐批抽件过秤。
4. ________核对用时少，发现差错及时，可以有效地提高账货相符率。

二、判断题（正确的打"√"，错误的打"×"）

1. 配件的盘点时间应尽量选择在白天上班的时候。（　　）
2. 配件盘点就是盘点汽车配件的数量与仓库实存数是否相符。（　　）
3. 日常盘点是不定期的，是一种局部性的盘点。（　　）
4. 盘点中如有溢余、短缺、差错等情况，可事后再向业务部门上报处理。（　　）
5. 对所有的汽车配件都允许有一定的自然储耗。（　　）

三、名词解释

1. 库存盘点

2. 定期盘点

四、简答题

1. 盘点的目的是什么?

2. 在盘点中会出现哪些问题?应如何处理?

项目七　汽车配件销售

任务1　汽车配件销售流程

一、填空题（将正确答案填写在横线上）

1. 汽车配件销售与一般商品销售相比较，具有________、________、________和________等特点。

2. 现代汽车是融合了多种高新技术的集合体，其每一种零配件都应具有严格的________和________，还要满足相应的________。

3. 汽车配件销售人员应具备的基本素质有________、________、________、________、________、________、________和________。

4. 一年四季的自然规律给汽车配件销售市场带来不同季节的需求。在雨季，车上需要的________、________、________、________、________和________等配件销量就特别大。在冬季，由于气温低，发动机难以启动，需要的________、________、________、________、________、________、________和________等配件较多。

5. 在山地、高原，因山路多，弯道急，坡度大，颠簸频繁，________、________、________、________和________极易损坏，需要更换的总成件也较多。

6. 在汽车配件销售企业中，配件销售的流程主要包括________和________，而对于4S店等同时带有维修职能的企业，其销售业务还包括________。每个流程又可以分为________、________、________和________四个部分。

7. 汽车配件的磨损是有一定规律的，根据这些规律，确定了车辆按照行驶里程的不同阶段需要对汽车分别进行________、________和________，并对这些等级的维修和保养项目做了详细的规定。

8. 汽车使用中经常损坏的小总成件主要有________、________、________、________、________、________、________、________和________等。

9. 顾客大多都会有一些从众心理，对于一般车主来说，其消费行为既是个人行为又是社会行为，既受众人________影响，又受________影响。

二、判断题（正确的打“√”，错误的打“×”）

1. 商品的销售定价技巧关系到商业企业的兴衰，在汽车配件销售企业，定价是十分敏感的。　（　　）

2. 企业在创造最好的经济效益和实现企业预定目标的过程中，不需要承担相应的社会责任。　（　　）

3. 汽车集高新技术和常规技术于一体，涉及机械、电气、自动控制、计算机等多种技术，经营者必须要有相应的配套服务，特别是技术服务至关重要。（　　）

4. 综合考虑各方面因素，对汽车配件科学、合理地定价是商家在市场竞争中取得主动和优势地位，使经营利润最大化的重要保障。（　　）

5. 销售汽车配件最重要的是做好售前和售中服务。（　　）

6. 采用以成本为中心的定价方法时，销售单价 = 单位产品的完全成本 ×（1 + 成本加成率）。（　　）

7. 应用保证成交法时应充分考虑不同配件产品本身的特点以及在结构、性能、质量上的差异性。（　　）

8. 优惠成交法是指销售人员通过向顾客提供进一步的优惠条件而促成交易。（　　）

9. 在判别出顾客已经产生购买心理时，可以直接请求顾客购买产品，利用请求向顾客进行提示，并略微向顾客施加一些心理压力，从而达成交易。（　　）

10. 尽量利用库存的零散件装配成质量合格的小总成件供应市场。（　　）

11. 顾客神色更加活跃，对销售人员的态度明显好转，眼神更加温和，面部表情变得开朗，这些细节的表情变化都是成交信号。（　　）

三、选择题

1. 自然规律给汽车配件市场带来非常明显的季节性需求。调查资料显示，这种趋势所带来的销售额约占总销售额的（　　）。

A. 30% ~50%　　B. 30% ~40%

C. 10% ~40%　　D. 20% ~40%

2. 如果在销售过程中单纯通过抬高价格的方法来获取更大的利润，销售额反而可能会（　　）。

A. 上升　　B. 下降　　C. 不变　　D. 反弹

3. 目前，大多数汽车配件销售商都使用“以（　　）为中心的定价法”给汽车配件定价，即在配件的成本基础上增加一个标准百分比作为毛利。

A. 成本　　B. 顾客　　C. 乘客　　D. 利润

4. 当库存无货，则需要订货，一般情况下顾客同意订货时则需要预收（　　）的订金。

A. 30% ~50%　　B. 40% ~50%

C. 30% ~40%　　D. 10% ~20%

5. 汽车配件的磨损规律和需求不是一成不变的，尤其近年来许多单位和部门的车辆实行了（　　）。

A. 承包经营和规范化管理　　B. 承包经营

C. 规范化管理　　D. 承包经营或规范化管理

6. 销售人员在介绍商品的同时，要全面介绍企业的（　　），以吸引客户购买。同时，也应将一些注意事项交代清楚，以避免日后产生纠纷。

A. 售后服务政策　　B. 售前服务政策

C. 售中服务政策　　D. 文化

7. 销售人员应该能够用（　　）、数字或调查结果说明确实有客户购买，而不是空口无凭，更不能欺骗顾客。

A. 例证　　B. 顾客　　C. 乘客　　D. 举证

四、名词解释

1. 随行就市定价法

2. 竞争投标定价法

3. 从众成交法

4. 选择成交法

五、简答题

1．汽车配件的销售有哪些特点？

2．简述维修部取件的工作流程。

3．简述批发销售的工作流程。

4．简述4S店汽车售后配件供应中的流程。

任务2　合同订立和履行

一、填空题（将正确答案填写在横线上）

1．合同是当事人双方真实意愿的体现，签订采购合同时，应遵循“______________、________、__________和________”的原则。

2．__________是指民事活动所要达到的目的，在汽车配件采购合同中，主要指所交易的是什么（如汽车配件的品名、品牌、规格、型号等）。

3．__________是合同的主要条款之一。

4．合同是约束双方权利与义务的法律文书，为避免在执行合同时出现争议，在采购合同中必须写明__________、__________、__________、________、__________、____________、履行的交货地点、违约的责任、____________、______________________和__________。

5．合同是当事人双方______________________的一种协议。汽车配件经营中经常涉及的合同有______________、______________和______________，其中最重要的是______________。

6．仲裁一般需经过__________、____________、__________和________四个程序。

二、判断题（正确的打“√”，错误的打“×”）

1．合同必须符合国家法律、政策的规定。　　　　（　　）

2．在履行合同时，双方必须按合同中规定的内容进行交易。如果一方违约，要交付违约金和赔偿金。如果受害方要求违约方继续履行合同，违约方应该按合同规定继续履行

合同。 （ ）

3．汽车配件的质量问题是引起合同纠纷的主要原因。 （ ）

4．合同成立后即受法律约束，任何一方不得擅自变更或解除。 （ ）

5．合同出现纠纷有时是不可避免的，一般处理纠纷的方法有协商解决、调解解决、仲裁解决和诉讼解决。 （ ）

三、选择题

1．合同纠纷的（ ）是指合同当事人之间发生争议，经双方协商未达成一致，而调解又达不成妥协时，根据合同当事人的申请，由合同仲裁机关依法做出裁决。

A．合同 B．仲裁 C．上诉 D．调解

2．合同当事人申请调解，应当从知道或应该知道权利被侵害之日起（ ）内提出，超过期限的，一般不予受理。

A．三年 B．一年半 C．两年 D．一年

3．当事人任何一方或双方不服各级人民法院的一审判决时，可以在收到判决书的第二天起（ ）内向上一级人民法院提起上诉。

A．3 日 B．5 日 C．10 日 D．15 日

4．（ ）是指由第三方参与，认真查明事实，分清责任，通过说服教育，促使双方互相谅解，从而依法解决双方合同纠纷的一种处理办法。

A．调解 B．合同 C．法律 D．仲裁

5．合同的文本由交易双方当事人各自收存，并按此履行，发生纠纷申请仲裁或提出诉讼时可作为（ ）使用。

A．原始凭证 B．合同 C．纠纷 D．仲裁

四、名词解释

履行的期限

五、简答题

1．简述签订采购合同应遵循的原则。

2. 随整车安装的配件保修索赔期限是多久？

3. 简述处理合同纠纷的流程。

任务3　售后服务与索赔

一、填空题（将正确答案填写在横线上）

1. 质量保修又称______、______和______等，俗称“三包”（即______、______和______）。

2. 索赔的流程一般是______、______、______和______。

3. ______是售后服务的重要组成部分，各维修站和配件经销商都有各自不同的保修模式和保修条例。

4. 配件保修费用包括______、______和______。

二、判断题（正确的打“√”，错误的打“×”）

1. 用户必须遵守保修/保养手册的规定，正确驾驶、保养和存放车辆。（　　）

2. 因保修配件引起损坏的相关件（包括辅料）属于配件的保修索赔范围。（　　）

3．配件保修费用（包括零件费、维修工时费和4S店的外出服务费）不属于配件的保修索赔范围。（ ）

4．在配件售出后，客户因产品质量问题或其他原因要求退货或赔偿就是索赔。（ ）

5．近几年来，随着汽车保有量的增加，汽车配件的质量问题及相关投诉呈下降趋势。（ ）

三、选择题

1．由用户付费并由4S店更换和安装的配件，从车辆修竣、客户验收合格日或千米数算起，其保修索赔期为（ ）（两条件以先达到的为准）。

A．12个月或40 000 km　　B．12个月

C．40 000 km　　D．45 000 km

2．安全件主要包括（ ）的所有零部件。

A．制动系统和喷射系统　　B．转向系统和燃油系统

C．燃油系统和制动系统　　D．制动系统和转向系统

3．客户所反映的内容是否属于索赔范围，要（ ）进行质量鉴定。

A．和平地　　B．以客户为中心

C．科学、公正地　　D．以企业利润最大化

4．配件的保修索赔原则是在配件的保修索赔范围内给予保修和索赔，而对不属于保修索赔范围内的配件不能给予（ ）。

A．保修和索赔　　B．保修

C．索赔　　D．报销

5．符合配件保修索赔条件，经服务站检查确认，需要修理或更换的（ ）属于配件的保修索赔范围。

A．不合格件　　B．合格件

C．报销件　　D．易损件

四、名词解释

1．配件索赔

2．安全件

五、简答题

1．简述配件保修的流程。

2．需要申请质量保修索赔的项目有哪些？